닥터앤닥터 육아일기

닥터앤닥터 육아일기

 걸음마

글·그림 **닥터베르**

B 북폴리오

prologue

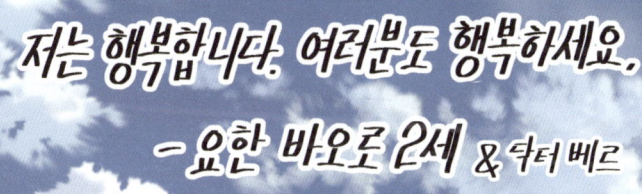

차례

prologue		005
episode 70	육아통 1	013
episode 71	육아통 2	023
episode 72	육아통 3	034
episode 73	뒤집기	044
episode 74	육아빠 1	056
episode 75	육아빠 2	065
episode 76	육아빠 3	075
episode 77	육아빠 4	085
episode 78	기어다니기 1	095
episode 79	기어다니기 2	105
episode 80	우울감 파트 2-1	115
episode 81	우울감 파트 2-2	126
episode 82	우울감 파트 2-3	136
episode 83	스위트홈 1	146
episode 84	스위트홈 2	156
episode 85	스위트홈 3	167
episode 86	스위트홈 4	178
episode 87	이유식 1	188
episode 88	이유식 2	198

episode 89	걸음마 1	209
episode 90	걸음마 2	219
episode 91	엄마 아빠	231
episode 92	문화센터 1	241
episode 93	문화센터 2	251
episode 94	기저귀 1	262
episode 95	기저귀 2	273
episode 96	패닉 1	283
episode 97	패닉 2	293
episode 98	패닉 3	304
episode 99	패닉 4	315
episode 100	패닉 5	325
episode 101	익스트림 1	336
episode 102	익스트림 2	346
episode 103	익스트림 3	357
episode 104	익스트림 4	367
episode 105	간병 1	377
episode 106	간병 2	387
extra episode	윌유메리미	397
epilogue	우리 곁의 파랑새	407

episode 70

육아통 1

출산 후 관절 통증은 매우 흔한 일로

많은 사람이 릴랙신 호르몬을
그 원인으로 알고 있지만

릴랙신이 나오면
온몸의 관절과
인대가 흐물흐물!!

닥터베르, <육아하다 팔이 빠진 비너스>, 2020,
디지털아트.

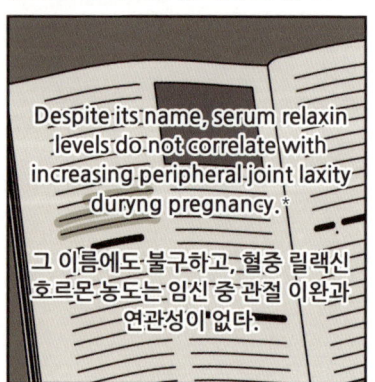
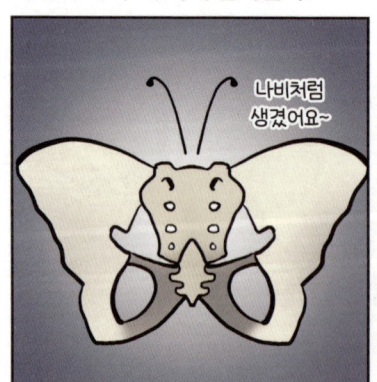
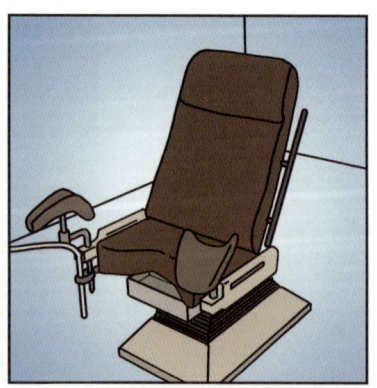

*Cunningham, F., et al. Williams obstetrics, 23rd edition, Mcgraw-hill, 2009. p110, 130.

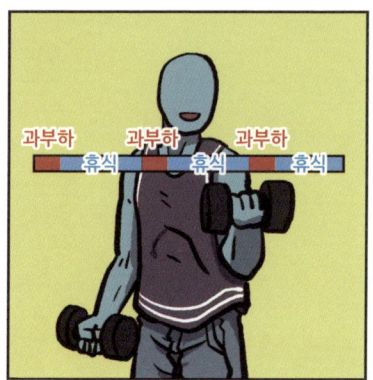

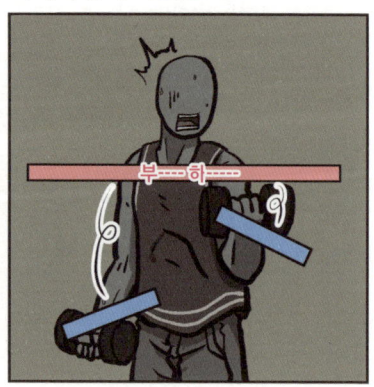

대표적인 육아 노동, 아이 트림시키기

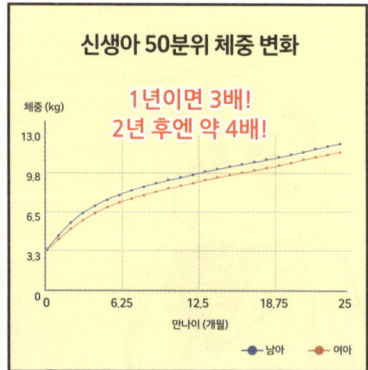

평소에 꾸준히 운동했던 사람이 아니라면

매년_1월3일_우리의_모습.jpg

아이의 몸무게는 곧 양육자의 근력을 추월하고

관절에 부담을 주게 된다.

베르의 경우 피지컬이 부족하진 않았다.

*데드리프트, 벤치프레스, 스쿼트 중량 합계 500kg 이상
**당구에서 큐를 수직으로 세우고 공을 찍어 치는 기술

데드리프트 130kg

이런 자신감이 만들어낸 잘못된 결심. L-시트 with 레서, 30초×3세트

V-업 with 레서, 15회×3세트 딥스 with 레서, 15회×3세트

중량 턱걸이 with 레서, 10회×3세트

LIGHT WEIGHT, BABY!!
아가야, 가볍구나!

처음엔 운동하다 흔히 겪는
관절통이었지만

아이는 내 사정을 봐주지 않았다.

바야흐로 육아통 지옥의 시작이었다.

episode 71

육아통 2

그 문제가 심각해진 건

레서가 바통을 이어받으면서였다.

*물방울이 쌓이면 바위를 뚫는다.

시간이 지날수록 심각해지는 데미지. 아이의 고집은 집요하고 끈질기다.

끝내 방둑에 구멍이 뚫렸다.

 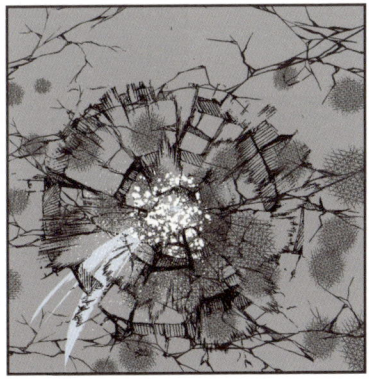

보통 예상치 못한 문제가 생기면

현재 상황을 설명하고

다른 보상이나 타협안을 제시한다.

이 정도면 윈윈(Win-win)!

하지만 아이에겐 상황을 설명할 수 없고

타협도 되지 않는다.

몇 달 사이 스테로이드 주사를 4번 맞았다.

안다의 불만도 커지기 시작했다.

당시 만성적인 통증보다 힘들었던 건   레서의 끈질긴 왼팔 사랑이었다.

처음으로 아이에게 소리를 질렀다.

울어도 보고,
빌어도 봤지만

아이가 세상에 태어나 얻은
몇 안 되는 깨달음에 가로막혀   나의 고통은 전해지지 않았다.

episode 72

육아통 3

육아통이 일단 생기면

눈덩이처럼 불어나기 쉽다.

가벼운 운동은 신체 회복에
도움을 주지만

무리한 운동은 삼가세요.

패션은 개인의 자유지만

때론 부상의 원인이 되기도 합니다.

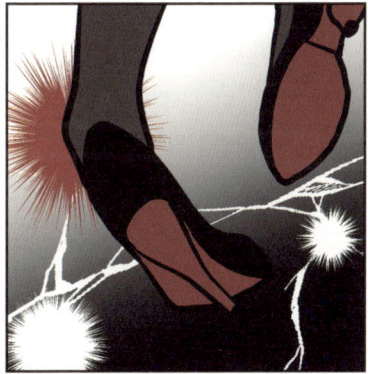

장기적인 사용은 부작용을 일으킬 수 있습니다.

이 무렵 베르는 계속되는 만성 통증과

과거 멍청한 행동에 대한 자책,

소통의 부재에서 오는 절망감 등으로

무척이나 우울했다.

베르의 팔이 회복된 건 그로부터 수년 후.

하이X라 파워!!

레서야, 여기 좀 들어가볼래?

아빠가 재미있는 생각이 났어!

그렇지. 그렇게 쏙 앉아봐.

플라스틱 빨래 바구니

episode 73

뒤집기

아이가 태어난 지 100일 정도가 되면
활동량이 점점 늘어나면서 속싸개를 벗어난다.*

*속싸개를 선호하는 시기는 개인차가 큽니다.(3주 전후~100일 이상) 아이의 생활패턴과 반응을 참고해서 사용해주세요.

그리고 4~5개월쯤 들려오는

누군가의 목소리.

*지역에 따라 '데덴찌', '묵찌', '하늘땅', '댄디', '탐탐 페요 타듬타듬테여 이카는데 머있어 절라카나 머라 이거 쌌나 스스스스슷 오호' 등의 이름으로 불린다.

아이가 충분히 뒤집고 나면 이 시기도 진정된다.

이 시기를 무사히 넘기고 나면

녀석이 다시 돌아온다.

아이의 이동 스킬이 늘어갈수록

한눈을 파는 것은 위험하다.

이 시기도 무사히 넘기고 나면

빼에에에에에엥!!!!

육아는 익숙해질 틈이 없는 것 같다.

꼭 그렇게…
연달아 와야만…

속이 후련했**냐?!**

episode 74

육아빠 1

팔꿈치에 병이 난 베르.

운동기구는 옷걸이가 됐다.

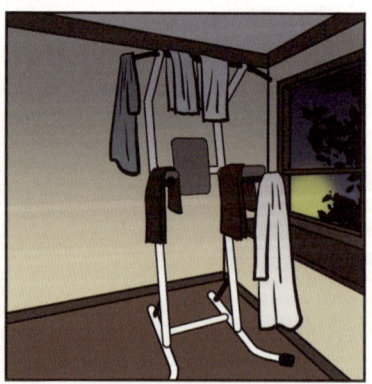

무기력감이 점점 더 커졌다.

아이가 낮잠을 충분히 잔 날에도

몸이 무거워 움직일 수 없는 순간이 늘어났다.

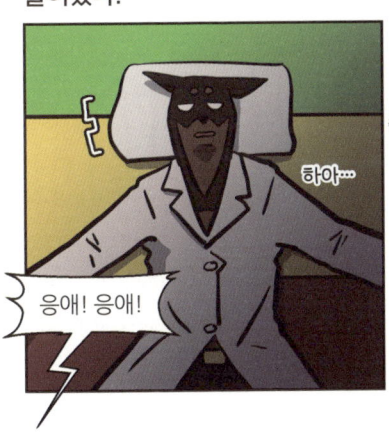

외출에는 준비할 것이 많았지만

그래도 일단 나가보기로 했다.

집 근처 공원에도 가고

산에도 올랐다.

외출은 기분전환에 도움이 되었다. 집 근처에 꾸준히 산책을 다니면서

베르를 알아보는 사람도 늘어났다.

남성에 대한 사회적 잣대는 남성의 육아를 어렵게 한다.

맞벌이는 평범한 가족의 형태가 되었지만

전업주부 남편을 보는 시선은 몹시 부정적이다.

27개국 18,800명을 상대로 한 설문*에서

https://www.statista.com/chart/18016/where-full-time-dads-are-viewed-as-losers/

이렇게 답한 사람들의 비율.

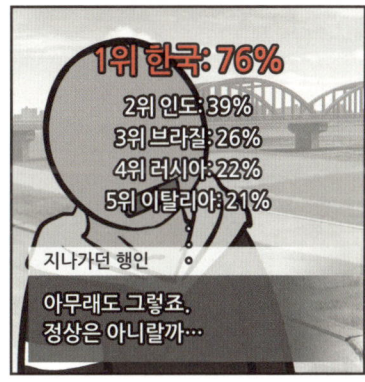

많은 사람이 생각하는 전업주부 남편은 골칫덩이 백수거나,

범죄자다.

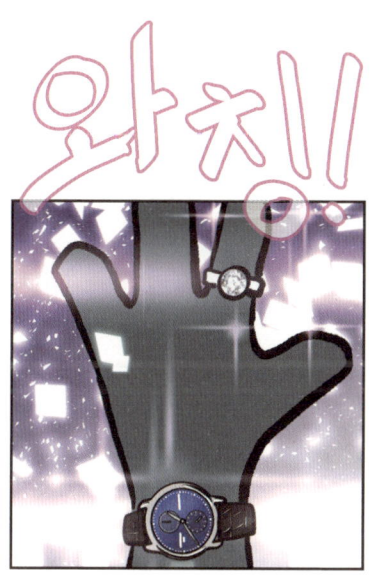

episode 75

육아빠 2

베르가 산책을 나가면

참 부러웠던 모습.

예전부터 알던 사이가 아니어도

마법의 말 한마디로 말동무가 된다.

베르도 다른 육아빠들에게 시도했던 적이 있지만

베르는 혼자 노는 데 도가 튼 편이었지만

갈수록 사람이 그리워졌다.

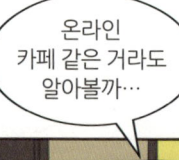

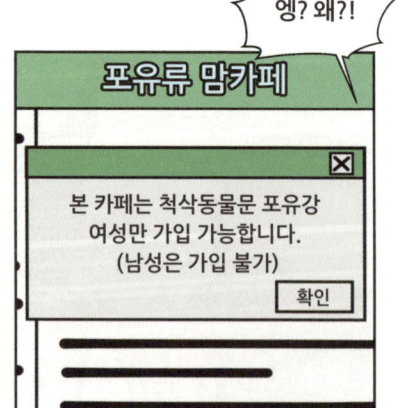

수많은 악행 중에서도 사람의 호의에 기생하는 게 제일 악질이다.

그렇게 해서 찾아간 키즈 카페는

전쟁터였다.

레서와 비슷한 또래들도 간혹 왔지만

계산을 마치고 수유실로 직행한 뒤

나오지 않았다.

수유실엔 기저귀 갈이대 등이 마련돼 있어 젖먹이 엄마들은 밖에 나올 이유가 없었다.

아기를 돌보는 설비가 여자화장실이나
수유실과 세트로 있으면

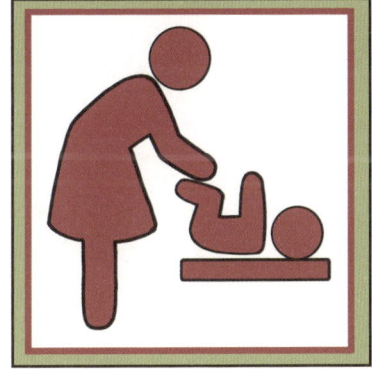

육아빠들은 이용할 수가 없고

적절한 육아분담도 어렵게 만든다.

당신이 다녀와.
남자화장실엔
기저귀 가는 게 없어.

기지도 못하는 레서를 안고 혼자
한 시간 정도 키즈 카페에 앉아있던 날

베르는 무척이나 외롭다고 생각했다. 어디에도 제대로 속할 수 없는…
육아빠는 주변인이다.

episode 76
육아빠 3

여자는 혼자서도 엄마가 될 수 있지만 양육자로 쉽게 인정받지 못한다는 점이다.

남자 혼자 아빠가 되는 일은 어떨까?

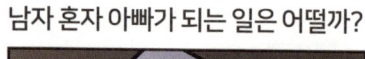

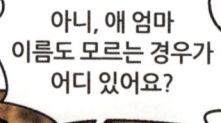

미혼부의 출생신고 인용률은
약 70%.*

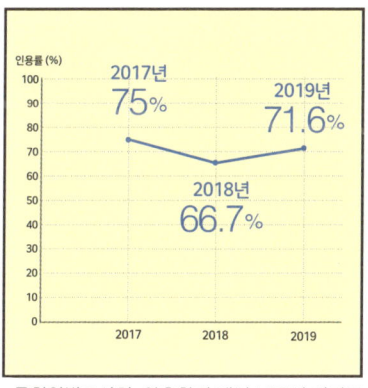

*국회입법조사처, 양육환경 개선 보고서 시리즈 (2020-1)

세 명 중 한 명이 아빠가 되지 못한다.

YOU ARE……
NOT! THE FATHER!!
당신은 아버지가…
아닙니다!!

아, 그럼
얘는 누가 어떻게
키우냐고요!

지금도 힘든 싸움을 이어가는
아빠들이 있다.

많은 것을 바라는 것도 아니다.

아이들은 자랍니다.

이 아이의 이름은 다윈입니다.

어? 오늘 학교 가는 날인데? 너도 학교 안 다녀? 같이 팽이싸움 할래?

이 아이의 이름은 해룡입니다.

나는 팽이 없는데…?

내 거 빌려줄게! 같이 하자!

어, 고마워.

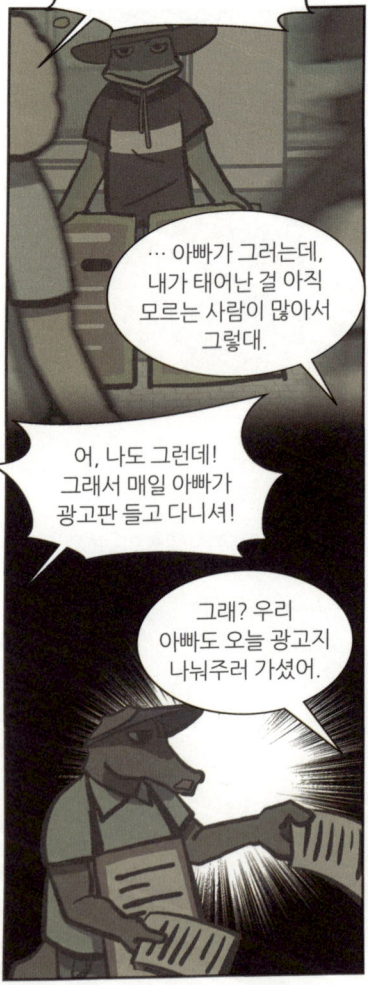

episode 77

육아빠 4

세상은 빠르게 변하고 있다.

아빠, 전화기 그림은 왜 이런 모양이에요? 전화기는 네모나잖아요.

?!

레서와 처음 세대 차이를 느낀 순간

당연하다고 생각했던 가족의 형태도

이제는 맞벌이가 절반을 차지하고

베르와 안다처럼 전통적인 역할과 반대인 가족도 생겨나고 있다.

고립돼 있던 육아빠들도

혼자가 아님을 깨닫는다.

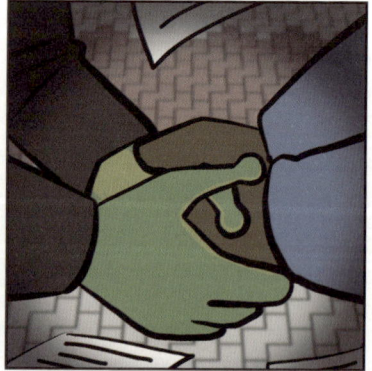

육아빠 커뮤니티가 만들어지기 시작하고

육아빠 콘텐츠가 만들어지기 시작한다.

이런 변화를 이어가기 위해서는

사회의 인식 변화와 배려도 함께 필요하다.

이런 점은 장애인 이동 복지 문제와 비슷한 것 같다.

2018년 장애 추정 인구는 267만 명.*

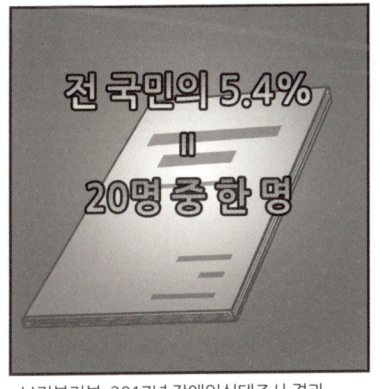

이 중 휠체어 사용자는 약 150만 명이다.

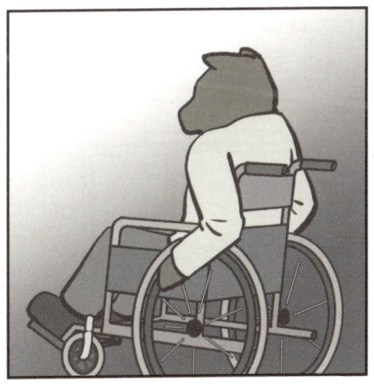

*보건복지부, 2017년 장애인실태조사 결과.
(2018.04)

악순환 속에 모습을 감춘 150만 명의 사람들.

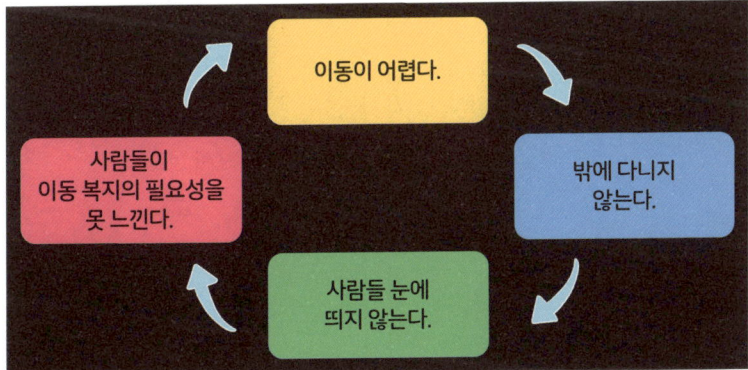

조금씩 배려가 쌓이면

조금씩 함께할 수 있다.

육아빠를 위해 변화하는 제도들.

*육아휴직 급여 특례 참조

여전히 현실은 차갑다.

episode 78

기어다니기 1

아기가 뒤집기를 마스터하면

잠깐의 평화로운 시기가 찾아오고

새로운 계시가 내려온다.

바야흐로 포복의 시기.

레서 저속 비행 모드.

레서 고속 비행 모드.

세상에 쉬운 일이 하나 없다.

일단 기어다니는 데 성공하면

세상은 흥미로운 일로 가득하다.

레서에게 그 중 제일은…

목표 설정 완료.

레서 인생 최대의 좌절.

그래도 쉽게 포기하진 않는다.

아이와 반려동물이 잘 지내는 건 기쁜 일이다.

방심은 금물.

안전사고는 언제든 일어날 수 있으니 각별한 주의가 필요하다.

고양이들이 놀랄 일이 늘어났다.

그러던 어느 날.

episode 79

기어다니기 2

두 사람 사이에 아이가 태어나면

많은 것을 바꿔야 한다.

혼한_90년대말_음악방송_감성.jpg

멀리서 보면 육아 전과 후로
나뉘지만

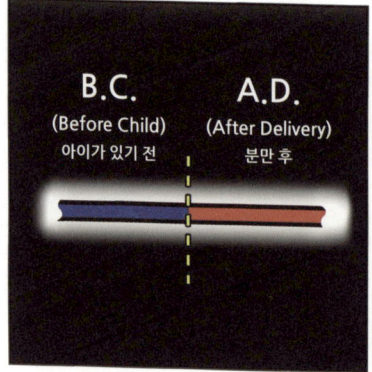

자세히 보면 몇 번의 큰 변화가 있다.

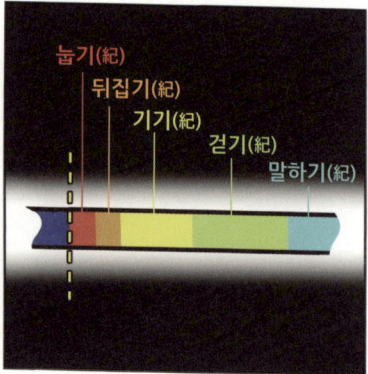

아이가 기어다니면 생기는 변화
Vol. 2

인테리어 붕괴편.

신혼집을 꾸미는 건 설레는 일이다.

사소한 일, 소품 하나도

미즈 파카(결혼 전)

함께 고민해서 결정한다.

베르와 안다는 다행히 취향이 잘 맞았고

5년 동안 소중히 보금자리를 꾸며 왔다.

딱딱하고 허전했던 원목 마루…

이제는 알록달록 놀이 매트가 가득!

아기자기한 아기용 소품도 한가득!

이러한 변화에 간신히 적응하게 되면

아이가 걷기 시작한다.

episode 80

우울감
파트 2-1

가을이 지나고

겨울이 왔다.

레서가 기어다니기 시작하면서  육아는 좀 더 흥미로워졌다.

하지만 때때로 다시 몰려오는 우울감.  이렇게 우울한 기분이 들 때면 하염없이 걷는 게 도움이 됐지만

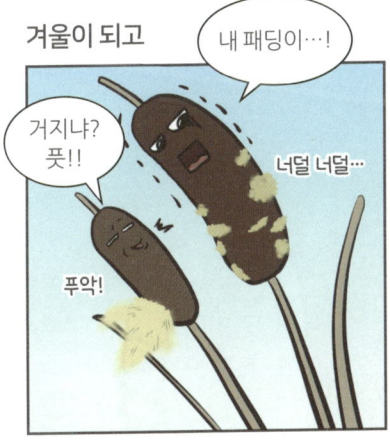
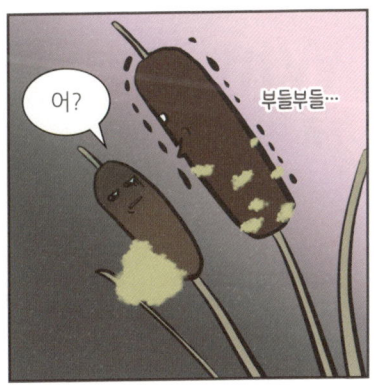

일단 만성화된 통증.

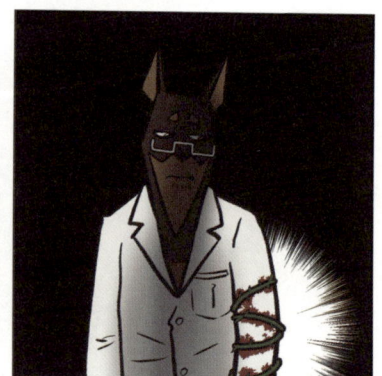

의사소통의 단절.

고립된 환경.

대체로 힘들지만 가끔은 위안이 되는 육아.

부정적인 사회적 시선.

닥터베르, <Apllon Bustara>, 2020, 디지털아트

학교를 떠난 지 이제 곧 1년…

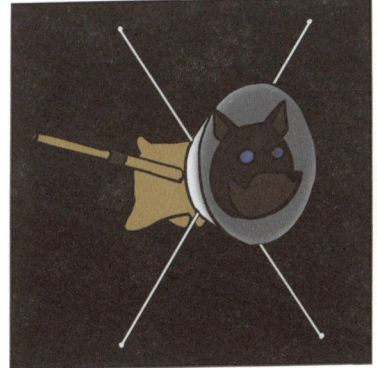

돌아가기엔 이미 멀리 왔는데

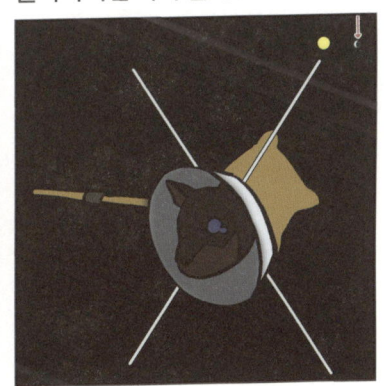

눈앞의 미래는 어둡고 불확실하다.

기쁜 일도 물론 많았다.

나는 내 현실에 눈을 뜬다.

뭐라도 해야 하는데

내 안에 남은 불꽃은 너무나 작고

내가 가야할 곳이 어딘지도 모르겠다.

episode 81

우울감
파트 2-2

우울감이 깊어질수록

슬픔과 우울의 차이를 분명하게 알게 된다.

슬픔은 표현을 통해 감정을
쏟아내는 과정이지만

우울은 감정과 함께 가라앉는
과정이었다.

왜 내가 맘에 들어 하는 여자들은
내 친구 여자 친구거나 우리 형 애인
형 친구 애인 아니면 캐플릿가(家)

캐플릿도 몬태규도
다 죽어버렸으면…

~~라면 ~~ 할 텐데.

~~만 ~~ 면 좋겠다.

~~라면 ~~하겠다.

~~해서 ~~ 해야지.

이젠 아무것도 생각하고 싶지 않아.

우울함에 미래가 없었다

다시 발버둥을 쳐본다.

아주 작은 일부터 하나씩 해답을 찾아간다.

내가 하고 싶은 14,000,605마디 말 중에서

분노와 원망의 말을 빼고

난 항상 화가 나 있다!!

질투와 냉소의 말을 빼고

내 마음을 가장 온전히 전할 수 있는 말을 찾는다.

힘들 때 더 힘을 내는 건 어려운 일이다.

육아 중간에 나를 위한 시간을 만들어본다.

아이를 재울 때 내가 읽고 싶은 책들을 읽기로 했다.

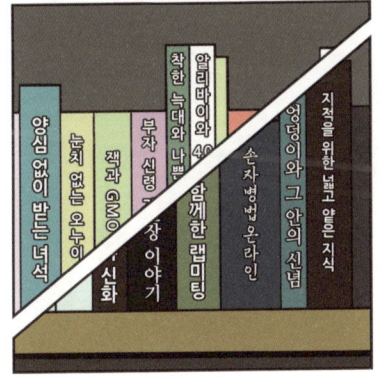

그중 가장 기억에 남는 책이라면…

아이를 재우는 시간이 좀 더 즐거워졌다.

이 책의 내용을 간단히 소개하자면

카리스마 넘치는 주인공 같은 아저씨가

얼마 못 가 죽고

그의 아들이 복수를 결심해서

얼마 못 가 죽고

계속 죽고 죽이는 내용이다.

그런 내용을 계속 읽다 보니

다산(多産)의 중요성이 실감됐다.

episode 82

우울감
파트 2-3

베르의 우울엔 여러 가지 원인이 있었고

소음 문제도 그중 하나였다.

바닥이 투시되는 것 같은 층간소음.

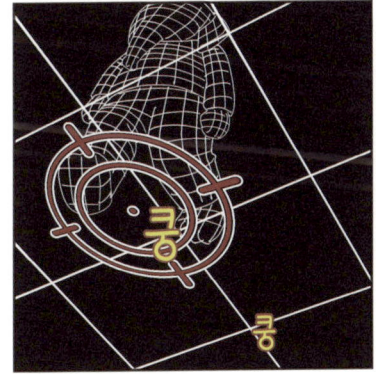

집 앞 도로를 내달리는 소리만 큰 X차들.

아이 낮잠을 깨우는 불쾌한 초인종.

세상은 이렇게나 소음으로 가득한데

내 발걸음은 언제나 조심조심.

휴대전화는 언제나 진동모드.

반쪽짜리 귀에 땀 차는 영화 사운드.

청소기 대신 밀대.

사막에서 고구마를 먹는 것 같은 이 답답함.

베르가 살던 건물 1층엔 상가들이 있었는데

가게 중 하나가 문을 닫으면서 대대적인 리모델링을 시작했고

소음으로 인한 스트레스는 극에 달했다.

지금이 몇 신데 아직도 공사를…!!

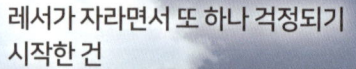
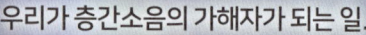

아이는 다양한 소음을 만든다.

솟아라! 나의 테스토스테론 불타는 에너지야~*

* 닥터베르 작사/작곡. 〈탈모송〉 중

일단 울음소리는 기본 사양이고

사소한 생활 소음

…의 무한반복.

걸음마 시기를 지나 뛰기 시작하면

층간소음의 절대 고수로 거듭난다.

이 무렵 안다의 가장 큰 고민은

일주일에 한 번 이상 돌아오는 당직이었다.

당직 때마다 심해지는 젖몸살.

당직 때마다 우울증이 심해지는 베르. 당직이 표시된 달력만 봐도 숨이 막혀왔다.

episode 83

스위트홈 1

안다는 평생 비슷한 집에 살았다.

좁았던 적도 있고, 넓었던 적도 있고

서로 다른 이름을 가지고 있었지만   대충 이렇게 생긴 집.

빌라 - 4층 이하 다세대 주택

아파트 - 5층 이상 다세대 주택

오피스텔 - 주거 겸용 사무실

그런 안다에게 베르가 말했다.

우리 다음 집은 주택에 사는 거 어때요?

나는 어릴 때 주택에 살아서 좋았거든. 레서도 그렇지 않을까?

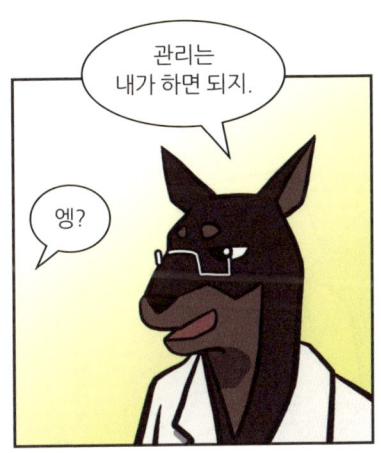

일단 구인 중인 산부인과를 찾고

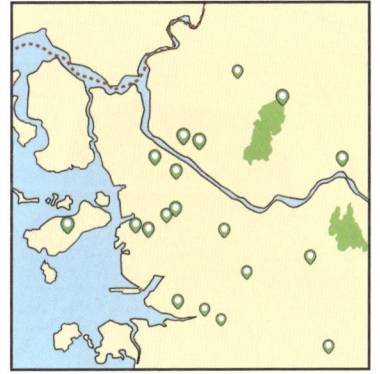

주변 부동산에서 주택을 찾는 걸 반복했다.

정해진 예산과 지역에서 아파트를 구하는 건

이 정도 예산이면…

이쪽 단지에 28평형 아니면 32평형,

아니면 이쪽에 25평 내지 30평.

객관식에 가깝지만

서술형 문제에 가까웠다.

청색 네온 간접조명 + 직경 2미터 샹들리에

안다와 베르의 고민은 늘어났지만 매주 주말이 기다려졌다.

그리고 마침내 (베르의) 마음에 드는 주택을 발견했다.

episode 84

스위트홈 2

여러 집을 보면서 베르가 생각한 위시리스트.

소음 문제에서 자유로운 지하실.

바비큐를 할 수 있는 정원이나 옥상. 지붕이 있는 차고.

전세 투어를 계속하다가 발견한 주택.

당시 지하실의 실제 모습입니다.

서울에 있는 작은 빌라 가격 정도로 빌린

베르와 안다가 처음에 월세로 살던 신혼집

대지면적 160평짜리 주택.

지은 지 약 30년
리모델링 2회
인근 전철역 없음
도보 거리에 시장 있음
마트까지 차로 10분
서울까지 차로 한 시간

안다의 걱정에도 불구하고 베르는 착실히 계획을 세웠고

인건비	폐기물처리	170,000	합계
	전기인입	650,000	820,000
페인트	페인트	109,500	
	작업봉	25,500	
	레미탈	15,800	
	흙손	7,100	
	방수포	6,900	
	작업복	17,000	합계
	바닥 에폭시	160,000	341,800
조명		194,600	
전기	전선	53,600	
	분전반	33,000	
	몰딩	41,200	
	멀티탭	33,820	합계
	양수모터	180,000	341,620

당시 실제 지출 내역

레서가 잘 때마다

모니터를 가지고 지하실에 내려가 일을 했다.

벽에 페인트를 바르고

바닥엔 에폭시를 칠했다.

episode 85

스위트홈 3

겨울이 지나고 봄이 올 무렵

지하실은 귀곡산장에서 벗어나 새 모습을 찾았다.

*봄이 움트는 소리

은은한 레일 조명.

럭셔리한 홈바.

튼튼한 방음문.

그리고 제자리를 찾은 AV 시스템.

실제 사진은 작가 블로그나 팬카페에서 보실 수 있습니다.

영화도 보고

*급X이 나오게 하는 주문

정원에 새들이 모여있는 덕분이고

그건 그곳에 먹이가 있기 때문이고

그 먹이들 중 일부는

집안에도 들어온다는 걸.

episode 86
스위트홈 4

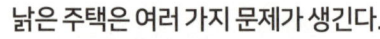

닥터베르 액티브 스킬 <하우스 키핑>, 주택 생활 중 발생하는 다양한 문제의 원인을 찾고 해결책을 제시한다.

이사를 하고 삶의 형태도 많이 달라졌다.

마트와 집만 오가던 장보기도

지금은 이런 느낌.

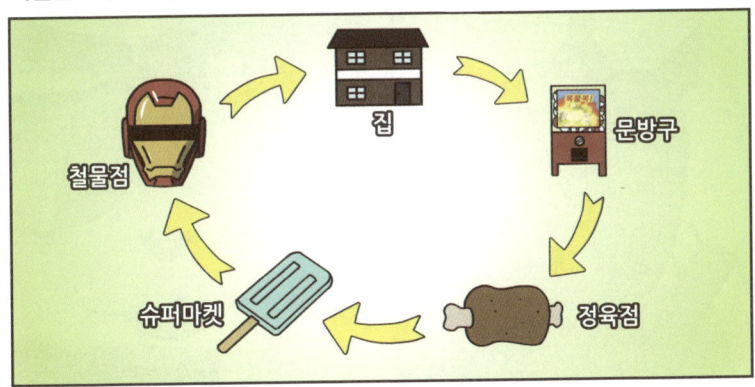

같은 사람들이 있다.

서로의 안부를 묻는다.

시시콜콜한 주변 일부터

세상 돌아가는 이야기까지.

점점 더 삭막해져 가는 사회.

관심과 오지랖이 줄타기를 하고

호의는 의심을 동반한다.

사람을 경계하는 법을 먼저 배워야 하는 아이들.

말없이 매달려 있는 CCTV보다
안전하지 않을까.

그랬으면 좋겠다.

episode 87

이유식 1

아이들은 생후 4~6개월부터

분유 수유 시 4개월, 모유 수유 시 6개월부터 권장.
건강 및 발육 상태에 따라 가감하세요.

이유식을 먹기 시작한다.

첫 이유식은 미음(米飮)에 가깝다.

체온보다 약간 따뜻한 정도(40℃)로 식혀서

아이에게 조금씩 떠주면

아~

안 먹는다.

내 의지로 일으켜야 하는 변화가 있다.

이유식은 단연 후자다.

이유식에 적응하는 기간은 힘들지만

그렇다고 마냥 미루다 보면

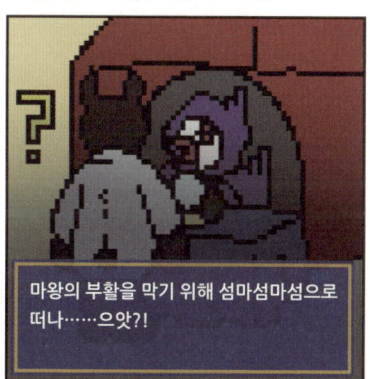

안 먹는다.

안 먹는다.

이유식 준비는 손도 많이 가지만 양육자 간 마찰의 원인이 되기도 한다.

episode 88

이유식 2

알레르기를 예방·대비하는 과정이다.

알레르기나 소화 장애는 달갑지 않은 존재다.

사는 데 별 문제가 없는 종류도 있지만

*향신료의 일종

선천적 유당불내증과 같이 치명적인 종류도 있다.

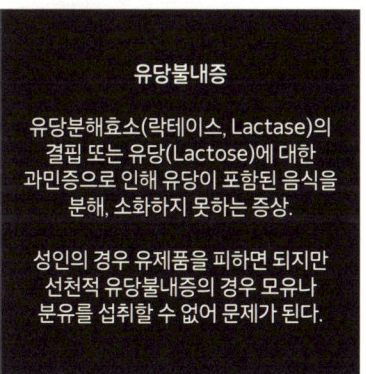

유당불내증

유당분해효소(락테이스, Lactase)의 결핍 또는 유당(Lactose)에 대한 과민증으로 인해 유당이 포함된 음식을 분해, 소화하지 못하는 증상.

성인의 경우 유제품을 피하면 되지만 선천적 유당불내증의 경우 모유나 분유를 섭취할 수 없어 문제가 된다.

이유식은 자극이 적고 알레르기 가능성이 낮은 재료부터 시작해서

자극성이 있거나 알레르기 유발성이 높은 재료로 서서히 진행해야

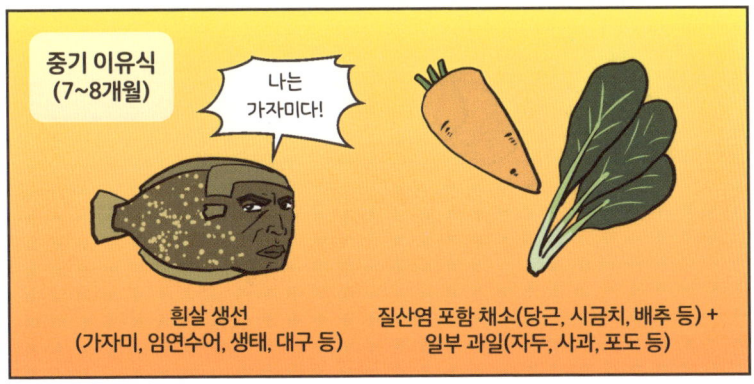

각종 트러블을 예방 또는 완화할 수 있다.

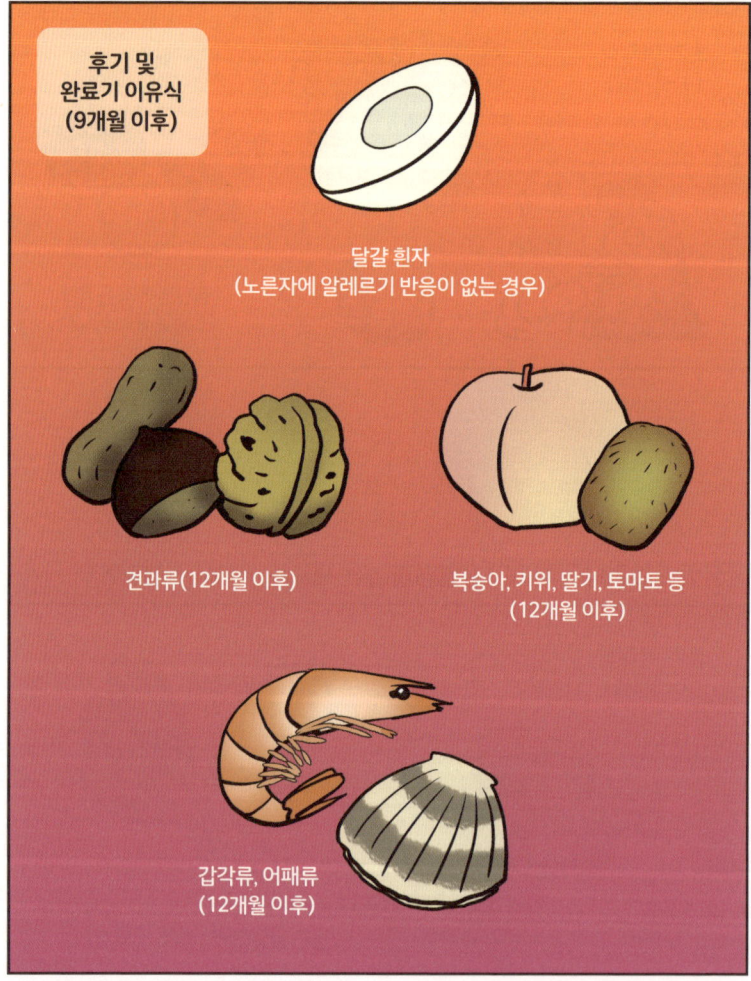

보다 자세한 내용은 소아청소년과에 문의하시거나 이유식 관련 도서를 참조하시기 바랍니다.

이유식에 새로운 재료를 넣을 땐

낮 시간에*, 한 번에 한 가지만 추가해서 만들고

*밤 시간에 먹이고 재우는 경우 알레르기 반응을 놓칠 수 있다.
**12개월 이후 권장

알레르기 반응*은 없는지 잘 지켜봐야 한다.

*피부 발진, 가려움의 호소, 호흡곤란 등

알레르기와 별개로 일정 시기 동안 피해야 하는 음식들도 있다.

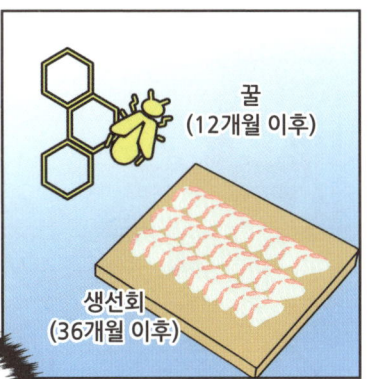

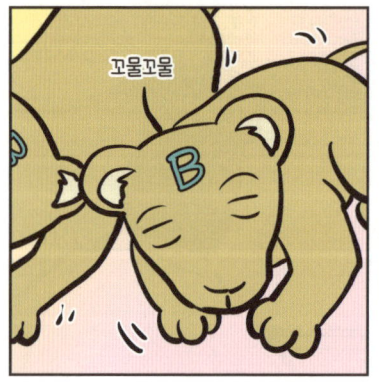

아기의 면역 체계는 아직 미성숙해서 성인에겐 무해한 수준의 균에도 심각한 피해를 입을 수 있기 때문이다.

베르는 요리하는 걸 무척 싫어했는데 이유식은 의외로 열심히 만들었다.

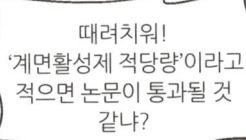

언제든 안 먹을 수 있다고 생각하며
새로운 이유식을 만든다.

열심히 만든 이유식을 안 먹는 건
물론 화나는 일이지만

돌이켜 생각해보면

episode 89

걸음마 1

아이가 태어나고 1년 정도가 지나면 걸음마를 시작한다.

그러다 자신감이 좀 붙으면

홀로 서기를 시도한다.

곧장 주저앉기도 하고

꽈당 넘어지기도 한다.

밀고 다니는 형태가 효과적이라고
한다.

보조기를 거부하는 아이들도 있다.

보호 장비들을 잘 활용해보자.

이렇게 준비 과정들이 있기에

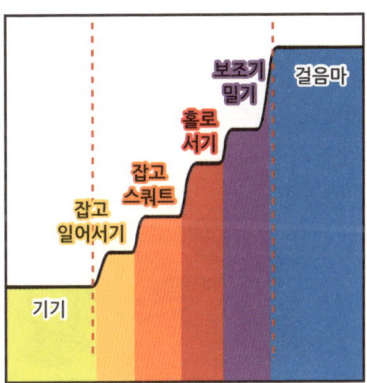

아이의 첫 걸음마는

생각만큼 명확하거나 드라마틱하지 않다.

저걸 첫 걸음마로 봐야 하나?

워킹*을 생각하면 세 걸음은 걸어야 걷는 거겠지?

*농구에서 공을 잡고 세 걸음 이상 걷는 반칙. 정식 명칭은 트래블링.

레서가 태어나고 매일 일기를 썼지만, 레서가 처음 걸은 날이 언제인지는 모르겠다.

이 사람은 어디서부터 잘못된 걸까?

걸음마 심판이야?

레서야~ 아빠 여기 있네!!

이 순간의 감동을

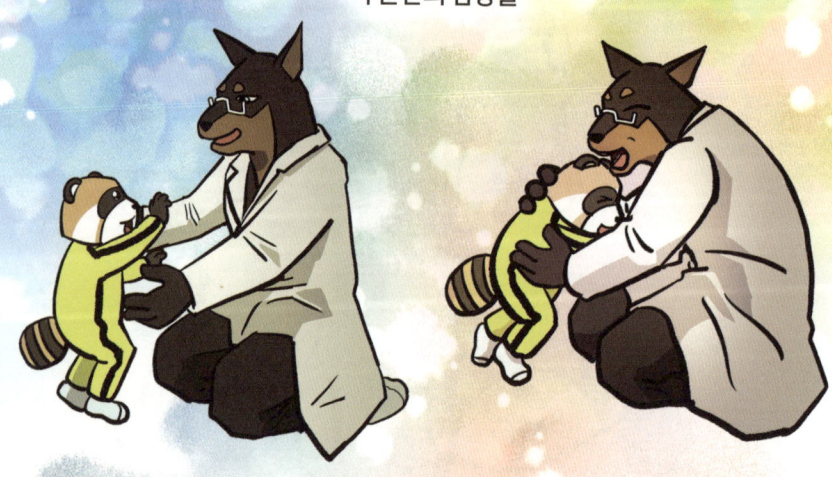

어떻게 표현해야 할지도 모르겠다.

episode 90

걸음마 2

아이가 걷기 시작하면

2차원이었던 위험 지역이

3차원으로 확장된다.

화장대나 서랍장 등의 가구는

아이가 내용물을 꺼낼 수도 있고

타고 올라갈 수도 있기 때문에

위험하다.

가구엔 쓰러짐 방지 장치를 달고

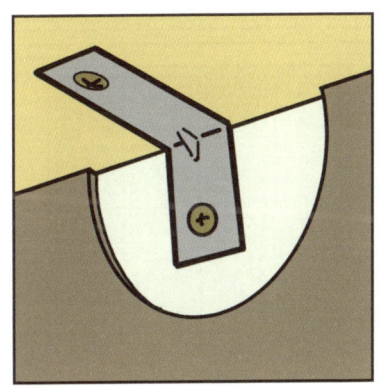

각종 안전장치를 쓰는 게 도움이 된다.

레서가 책장의 책을 꺼내는 걸 너무 좋아해서

안전 울타리를 쳤지만

레서는 생각보다 강했다.

울타리를 업그레이드 했다.

모래를 채운 생수통 × 2. 각 20kg.

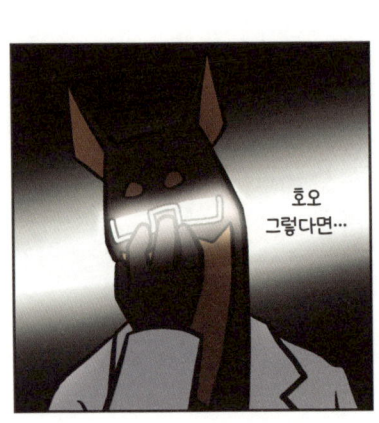

이 무렵부터 레서는 혼자 놀기를 시작해서

베르가 잠깐 눈에 안 보여도 울지 않았다.

저승거래소 티켓

강서브
(19XX~????)
배구의 전설
아니, 잠깐만! 저승거래소 티켓인데 어떻게 살아있는 사람을…!!
대신 한 명 보내면 돼.
"우주가 잠시 꺼졌다."

episode 91

엄마 아빠

여름과

가을이 지나

다시 겨울이 됐다.

레서가 태어나고 20개월.

레서가 말을 하기 시작했다.

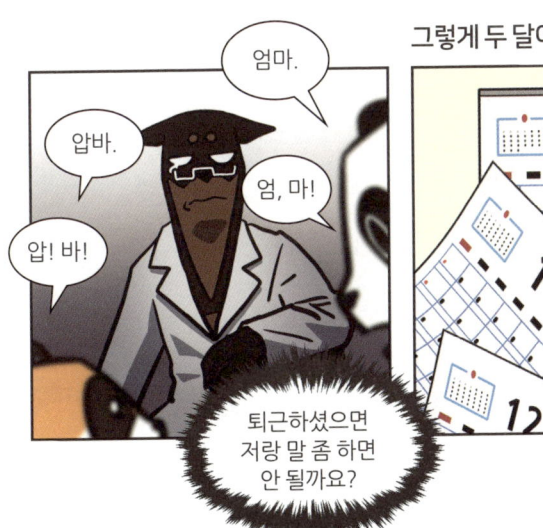

episode 92
문화센터 1

아이는 점점 민첩해지고

지치지 않는 체력도 갖춘다.

백만 스물한 걸음!

백만 스물두 걸음!

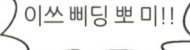

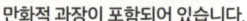

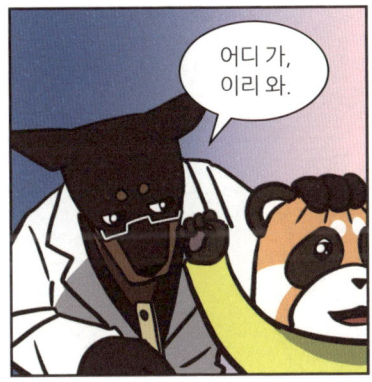

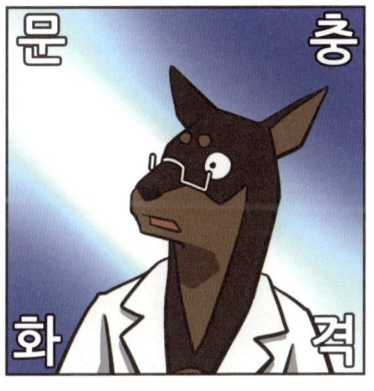

대부분 새 장난감을 가지고 노는 정도였지만

집에서 하기 힘든 활동들도 있었다.

종이 꽃잎 뿌리기나

바닥에 물감을 바르는 놀이 등등.

오늘은 정말 본전 뽑는 느낌이네!

오늘 재미있었어요?
네!

아이에게 보다 넓은 세상을 경험시켜 주고 싶다.

이렇게 잘 놀고 집에 온 날이면 집에서도 똑같이 놀고 싶어 하므로 주의.

episode 93

문화센터 2

문화센터의 장점은 여러 가지가 있다. 일단 외출로 기분 전환이 되고

아이의 기본적인 사회화에도 도움이 된다.

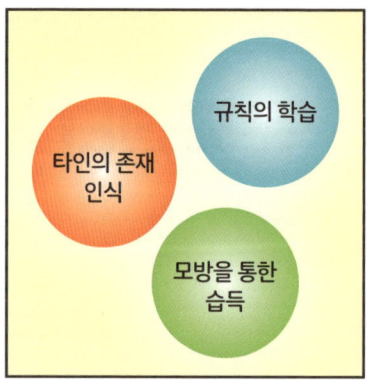

간단한 출석체크도

반복과 보상을 통해 가르친다.

순조롭게 따라하는 아이들을 앞쪽에 부르면

처음엔 그저 패닉에 빠졌던 아이들도 다른 아이들의 행동을 보며 따라한다.

보호자들끼리 친분을 쌓을 수도 있다. 문화센터의 단점이라면

첫째로 아이들 간의 트러블이다.

말이 통하는 시기가 아니다 보니 말썽을 일으키면 부모가 사과하는 것뿐인데

아이들 해열제는 크게 두 종류로 나뉜다.

체중에 따른 용법과 용량을 꼭 지켜야 한다.

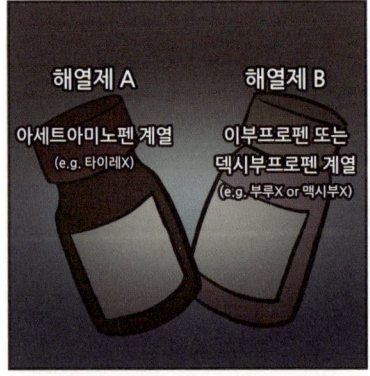

시럽형 해열제의 보존 기간은 개봉 후 1개월 정도입니다. 직사광선을 피해 실온에 보관하시고 오래된 해열제는 먹이지 마세요.

인터넷에 널리 퍼져있는 해열제의 교차 투약은 권장하지 않는다.*
물수건으로 몸을 닦는 것도 해열에 도움이 되지는 않는다.**

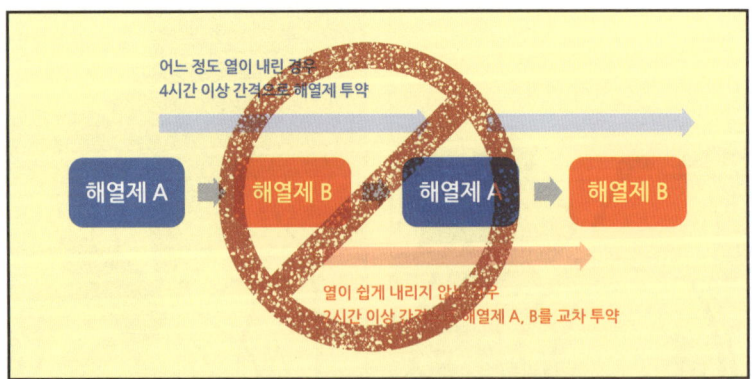

*, **Roberts, Iwan. "Nelson's textbook of pediatrics (20th edn.), by R. Kliegman, B. Stanton, J St. Geme, N. Schor (eds.)." (2017): Chapter 176, p1279

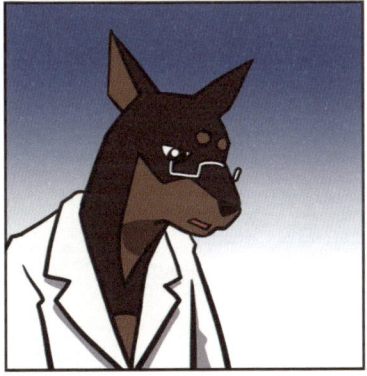

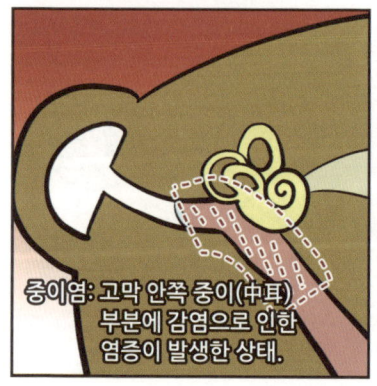

대표적인 복병은 중이염이다.

중이염: 고막 안쪽 중이(中耳) 부분에 감염으로 인한 염증이 발생한 상태.

감기에 걸리거나 물놀이를 즐긴 뒤 아이가 유독 귀를 자주 만지거나

만지작 만지작 만지작

불편~

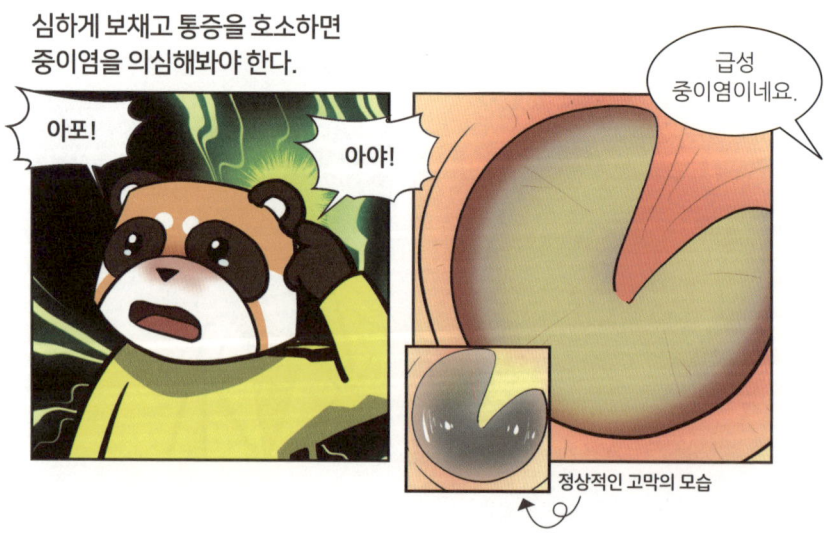

심하게 보채고 통증을 호소하면 중이염을 의심해봐야 한다.

아포!

아야!

급성 중이염이네요.

정상적인 고막의 모습

적절한 치료가 되지 않은 심한 중이염이 반복되면 청력에 손상을 줄 수 있으니 주의가 필요하다.

아직은 자기표현이 서투른 시기라

부모가 관심 있게 지켜봐야 한다.

남의 중병이 내 감기만 못하다는
말도 있지만

차라리 내가 아팠으면…하고
처음으로 생각해본다.

episode 94

기저귀 1

아이를 키우다 보면 찾아오는

선택의 순간 2탄.

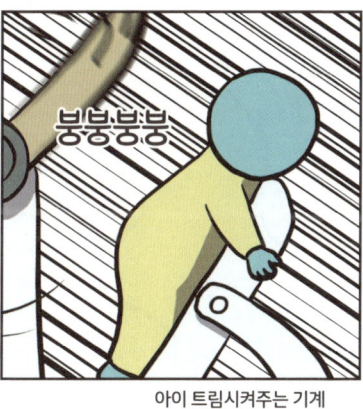

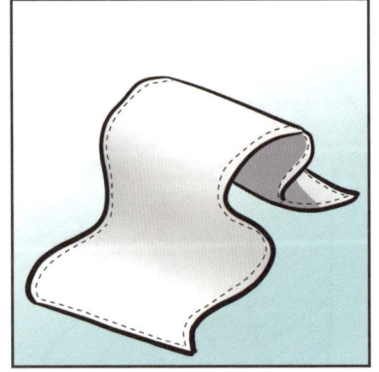

하지만 기저귀 성능이 나날이 발전하고

처리도 간편해지면서

아이들은 기저귀의 찝찝함을 모르게 됐고

기저귀를 떼는 시기도 늦어지게 됐다.

배변훈련이 가능한 시기는 꽤 분명하게 찾아온다.

아이가 팬티를 좋아한다고 해서

용변을 가릴 수 있는 것은 아니다.

이런 상황이 계속 반복되면서

때론 화가 나기도 했다.

이런 불편함에 기저귀 떼기를 미루기도 한다.

화를 내거나 다그치기보다는 이편이 나은 것 같다.

생각해보면 기는 것도 걷는 것도

하루아침에 성공한 건 없는데 기저귀를 떼는 일이라고 다를까.

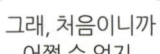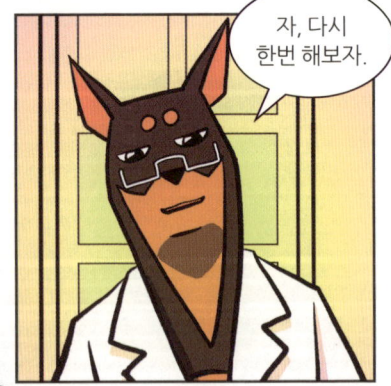

episode 95

기저귀 2

기저귀를 떼는 과정은

매우 불합리하다.

대사 오류가 아닙니다. 의도된 패러디 장면입니다.

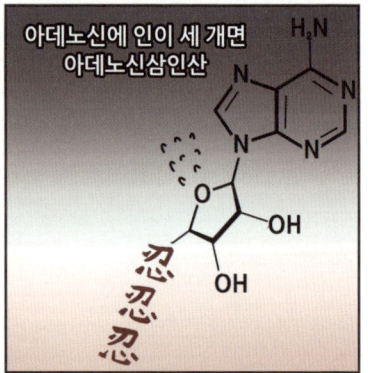

배변 훈련할 때 화를 내는 것은 역효과를 일으킨다.

일단 배변판에 X을 가져다 두고

강아지가 근처에 있을 때

달려가 폭풍 칭찬을 한다.

대신 쌀 때까지 3초.

이때가 제일 손이 많이 가는 시점 같다.

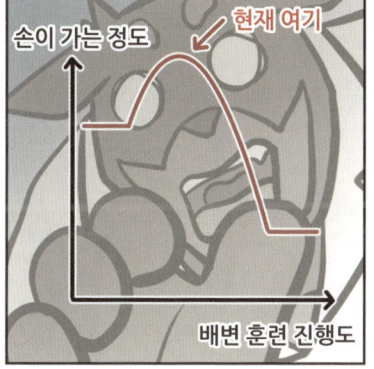

그래도 얼마 후엔 10초 정도의 여유가 생겼고

외출 때도 기저귀 대신 휴대용 소변기를 사용했다.

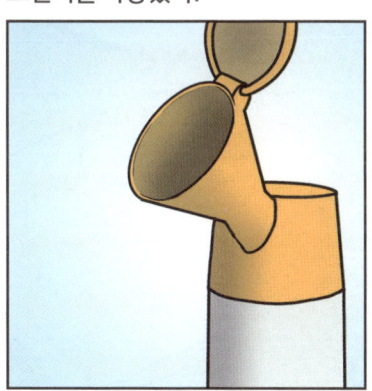

햇볕에 말려 놓고 왔다.

episode 96

패닉 1

아이는 빠르게 자란다.

유아차는 참 편리한 도구지만

곳곳에서 장애물을 만난다.

평소에 별 관심 없던 작은 행사도

아이와 함께하면 새로운 추억이 됐다.

episode 97

패닉 2

아이가 놀라서 우는 건 경기(驚氣)가 아니다.

경기는 유아기에 겪는 발작(seizure)을 뜻하는 한의학 용어로 실신, 경련, 청색증, 기억상실 등을 동반한다.

산부인과에서는 임신중독으로 인한 발작을 주로 접한다.

경련 중인 환자에게 인공호흡을 시도하거나 뭔가를 물리는 건 더 큰 위험*을 초래할 수 있다.

일단 침이나 토사물이 기도로 넘어가지 않도록 고개를 옆으로 부드럽게 돌리고

*구조자가 다치거나, 단단한 물체를 깨물어 치아가 깨지거나, 파편이 기도로 넘어가거나 입 안에 상처를 낼 수 있습니다.

손발에 부딪칠 수 있는 단단한 물건은 치운다.

이후엔 전문 인력이 필요한 응급조치를 한다.

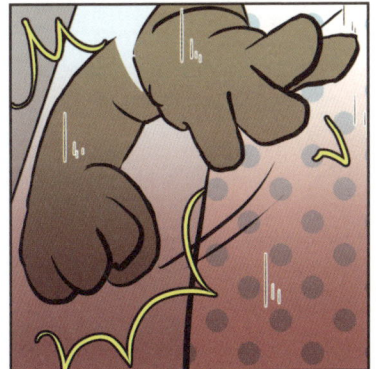

억지로 경련을 멈추려고 누르면 근육 및 인대에 손상을 줄 수 있습니다. 손가락을 따거나 마사지하는 것도 경련을 멈추는 데 도움이 되지 않습니다.

*경련이 지속될 때 기도 확보를 위해 입이나 코에 삽입하는 보조 기구

그랬어야 했다.

경련 중인 환자를 함부로 옮기는 것은 위험합니다.
응급조치는 작품 초반 설명을 따라주세요.

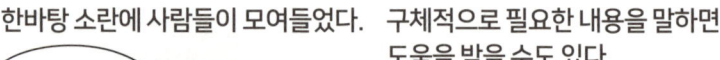

삐—뽀—

괜찮을 거야.

삐—뽀—

꼭 그럴 거야.

삐—뽀—

구급차에게 길을 양보해주신
모든 운전자분들께
감사의 인사를 전합니다.

삐—뽀—

episode 98

패닉 3

응급센터엔 경련으로 찾아온 아이들이 많았다.

5세 이하 경련 중 가장 흔한 원인은 열경련이다.

2~5%의 아이들이 한 번 이상
열경련을 겪는다.*

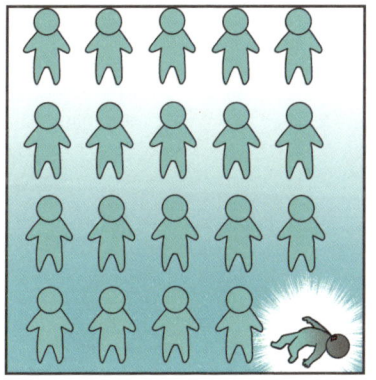

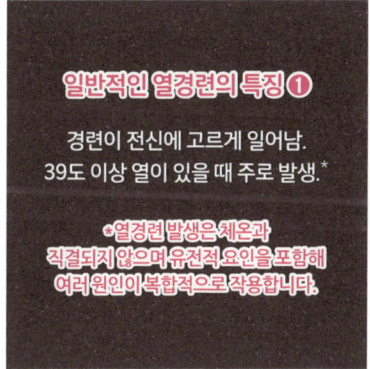

수 분 내로 멈추는 일반적인
열경련의 경우

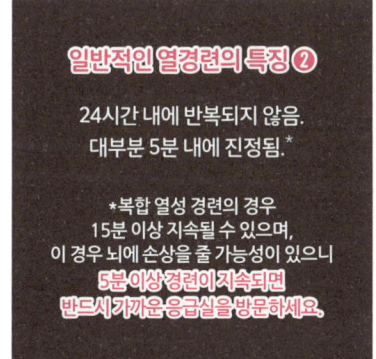

*Roberts, Iwan. "Nelson's textbook of pediatrics (20th edn.), by R. Kliegman, B Stanton, J. St. Geme, N. Schor (eds)."
(2017): 2829.

여러 번 반복되어도 뇌에 손상을 주거나 다른 후유증을 남기지 않는다.

하지만 가정에서는 경련 상태를 정확히 파악하기 어렵고

몸이 뻣뻣하게 굳어지는 것도 경련의 한 형태이므로 주의가 필요합니다.

열이 아닌 다른 문제 때문일 수도 있기 때문에

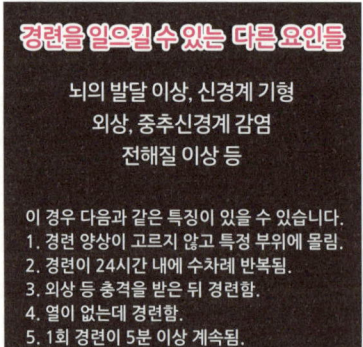

처음 경련을 했다면 바로 병원을 방문하는 게 바람직하다.

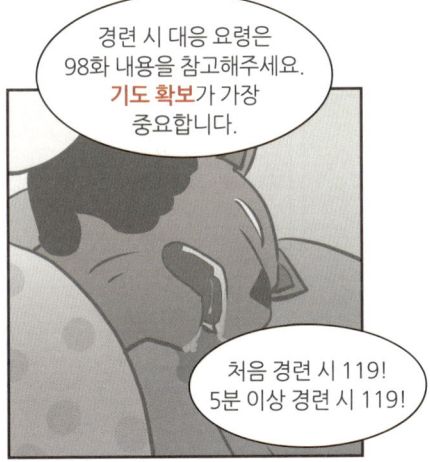

레서는 응급실에서 가능한 검사를 받았지만 이렇다 할 특이 소견이 없었고

입원 가능한 병실도 없어서 일단 집으로 돌아왔다.

거의 뜬 눈으로 밤을 새우고

다음 날 아침.

걱정은 현실이 되었다.

뇌파 검사(EEG)

자기 공명 영상(MRI)

심장 관련 검사와 각종 혈액 검사가
이어졌다.

검사는 매번 난관의 연속이었다.

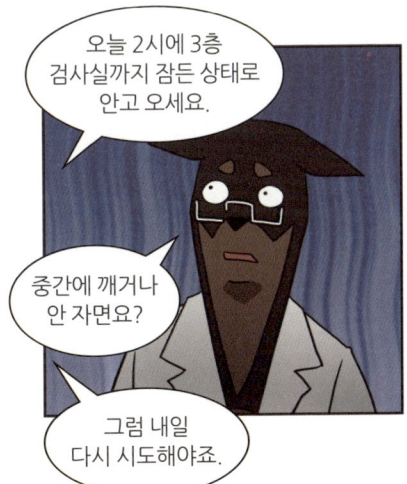

오늘 2시에 3층
검사실까지 잠든 상태로
안고 오세요.

중간에 깨거나
안 자면요?

그럼 내일
다시 시도해야죠.

검사상에선
원인으로 보이는 게
없네요…

일단
입원 후엔
경련도
없고…

당장 눈에 보이던 문제는 없어졌지만 더 큰 문제가 숨어있을 수 있다는 공포.

병원에서 보낸 시간을 떠올린다.

잊고 싶은 기억이지만 그때의
마음만은 잊지 않으려 한다.

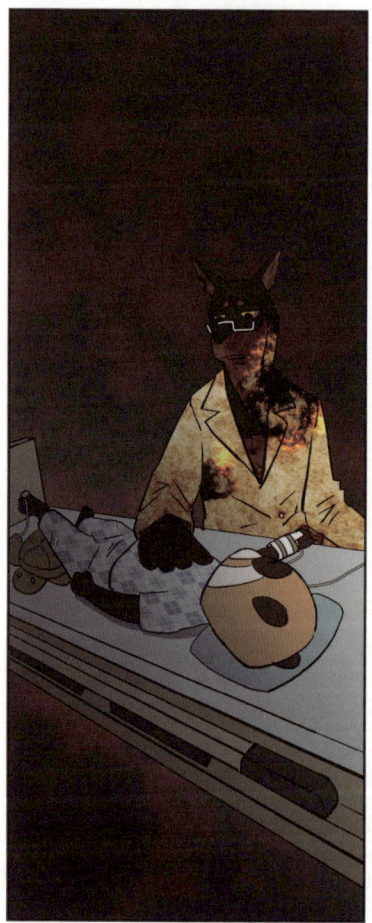

episode 99

패닉 4

얼마나 강해져야 이런 생각을 할 수 있을까.

아픈 아이를 돌보는 건 많은 어려움을 동반한다.

가슴을 지지는 불은 이를 악물고 참지만

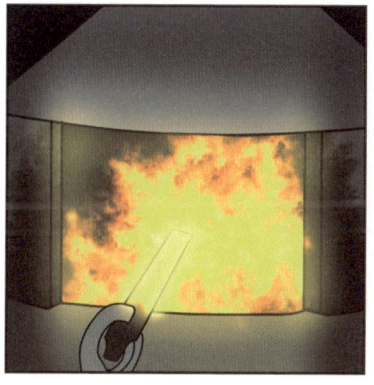

망치가 떨어질 땐 철도 소리 높여 운다.

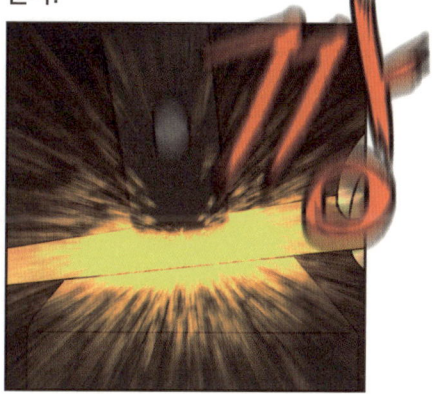

차가운 물에서 몸을 떨며 상처를 씻고 나면

또다시 타는 불길에 몸을 던져야 한다.

episode 100

패닉 5

베르와 안다가 레서를 가졌을 때

주변 사람들은 이렇게 생각했다.

이럴 때 인터넷을 보는 건 도움이
되지 않는다.

추천하는 방법 중 하나는
K-DST 검사지*를 보는 것이다.

K-DST Korean Developmental Screening Test for Infants & Children
한국 영유아 발달 선별 검사

보건복지부와 질병관리본부의 후원으로
대한소아과학회, 대한소아신경학회,
대한소아청소년정신의학회,
대한소아재활·발달의학회, 심리학
전문가들이 모여 개발한 발달 평가 검사지.

*질문지는 인터넷으로 누구나 쉽게 확인할 수 있지만 질문지의 내용을 모두 할 수 있어야 하는 것은 아니므로, 정확한 결과 평가를 위해서는 소아청소년과에 방문하세요.

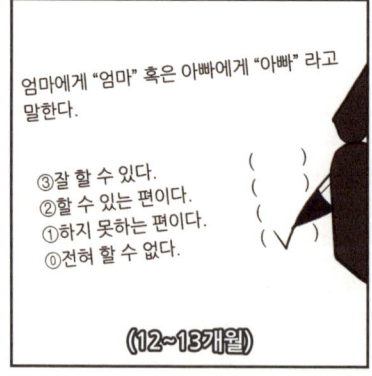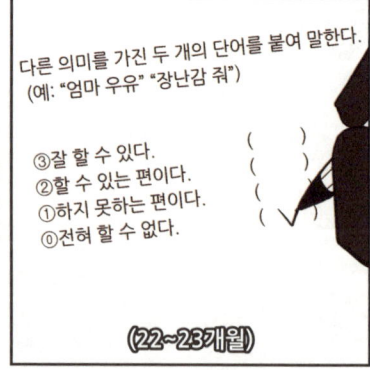

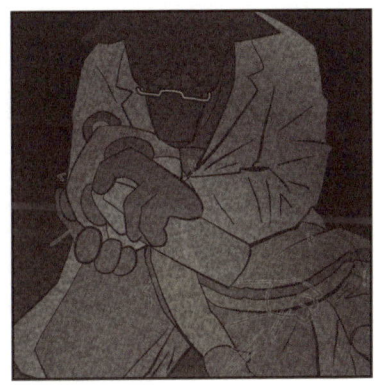

레서의 말문을 열어준 전복삼계탕에 감사를…

아이들은 저마다의 속도가 있다.

불안해하는 마음도 이해한다.

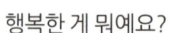
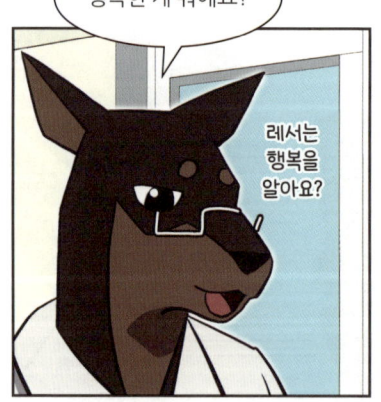

아이들에게 중요한 건
'언제'보다
'어떻게'가 아닐까.

episode 101

익스트림 1

레서는 점점 강해졌고

할 수 있는 것도 많아졌다.

이동속도 x2, 사고력* x3

*사고력(事故力): 사고를 치는 능력

둘 다 기절.

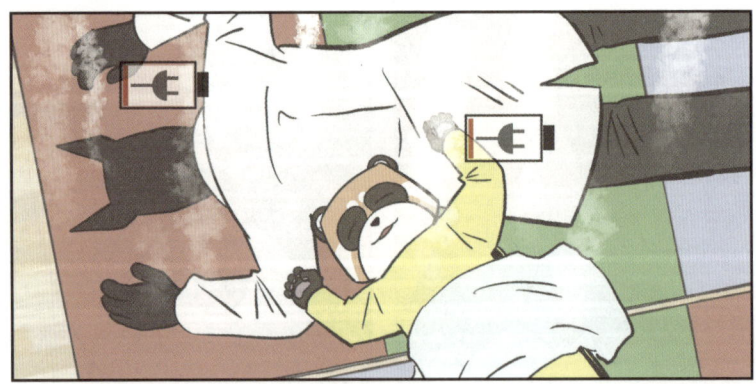

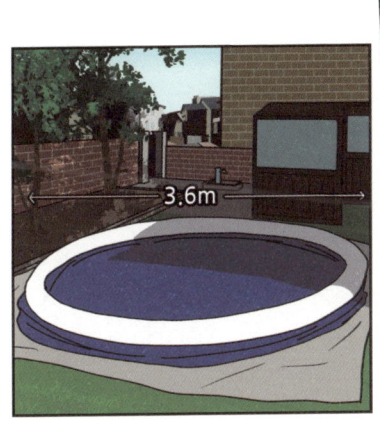

episode 102

익스트림 2

어린 시절 베르의 가슴을 뛰게 했던 것들.

의미를 알 수 없는 장난감들.

뒤집어 놓으면 몇 초 뒤에 튀어오를 뿐인 **고무뚜껑**

계속된 대형화 경쟁으로 아무도 뒤집을수 없게 된 **딱지**

무늬에 따라 시세가 제멋대로인 **유리구슬**

팽이 치기.

불꽃놀이.

그리고 트램펄린*.

*지역에 따라 방방, 풍풍, 봉봉 등으로 불렸던 운동 기구

300원의 행복.

다음 날.

자연은 위대했다.

그러지 말았어야 했다.

episode 103

익스트림 3

트램펄린장은 보통 아이들의
성지였지만

간혹 청소년들도 방문했다.

근처 태권도장 등에 서식하던 그들은

트램펄린장의 스타였다.

베르가 익스트림 스포츠에 눈을 뜬 순간이었다.

비보잉,

너튜브가 없던 시절의 비보잉.jpg

스케이트보드,

기계체조까지

베르의 익스트림 사랑은 계속됐다.

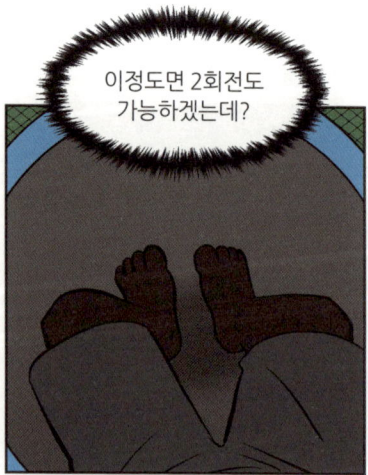

마지막으로 이 동작을 해본 건 무려 7년 전이라는 것이다.

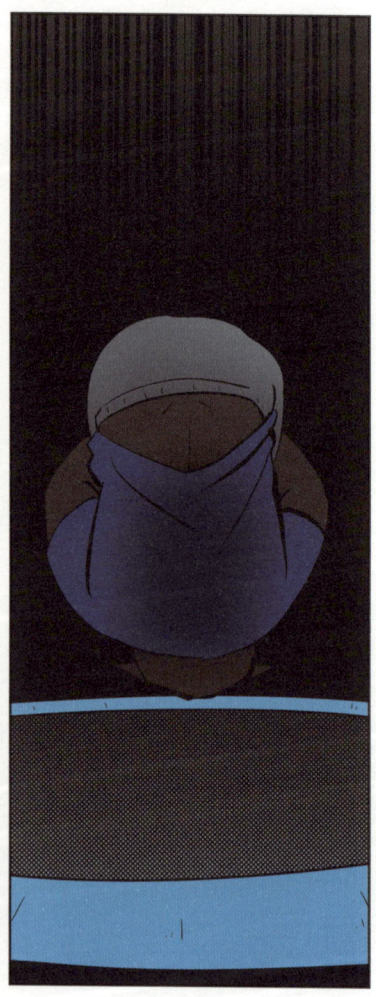

우
ㄷ
ㄷ
ㄷ
득

털썩

베르, 죽다.

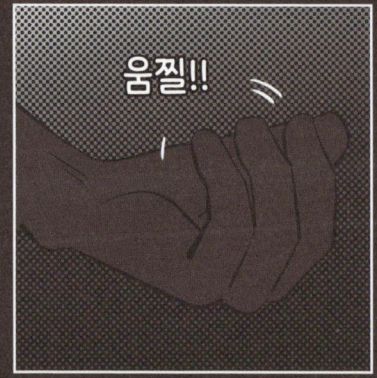 

베르, ~~죽다~~

죽지는 않다.

episode 104

익스트림 4

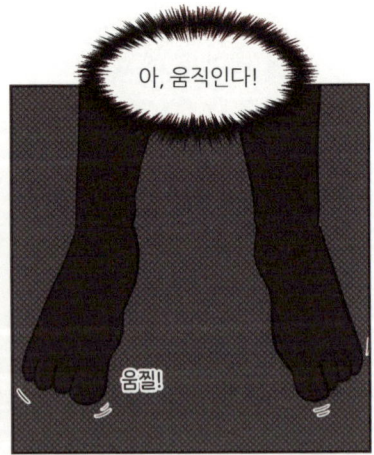

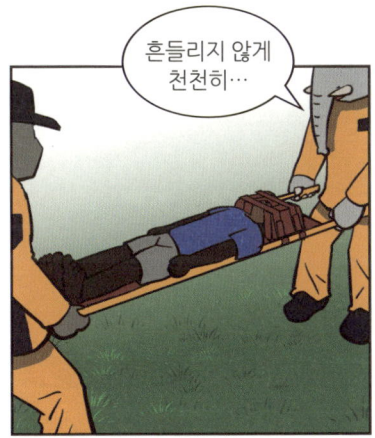

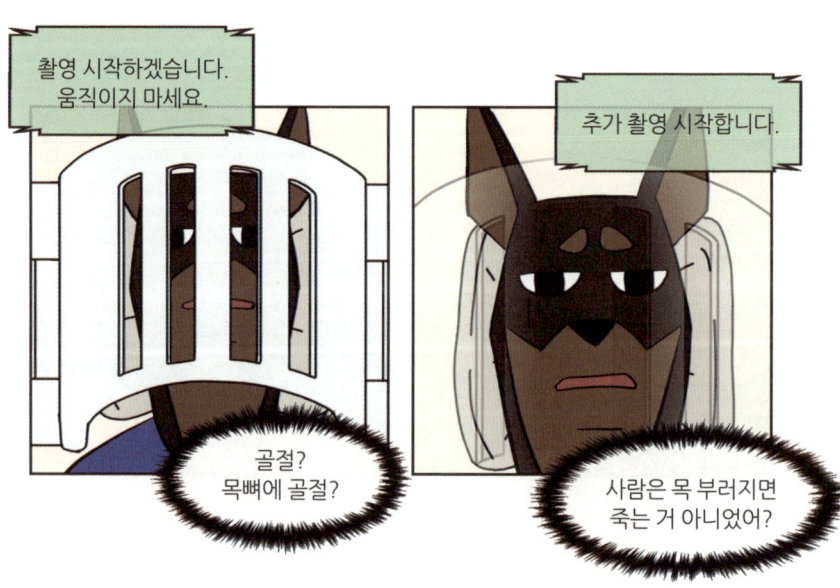

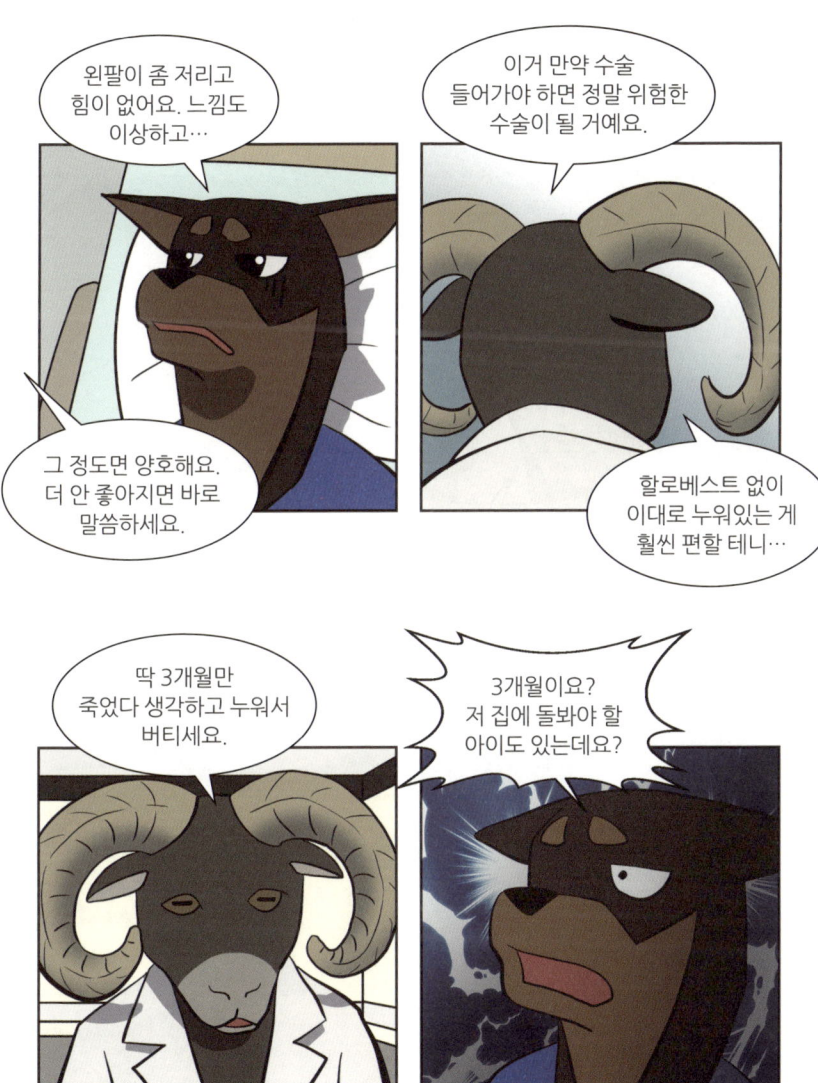

episode 105

간병 1

처음엔 그저 용감하고 활력 넘치는 사람이라고 생각했다.

안다가 이혼을 언급한 건 이때가 처음이자 마지막이었다.

episode 106

간병 2

입원 2일째.

레서는 어머니께 부탁드렸다.

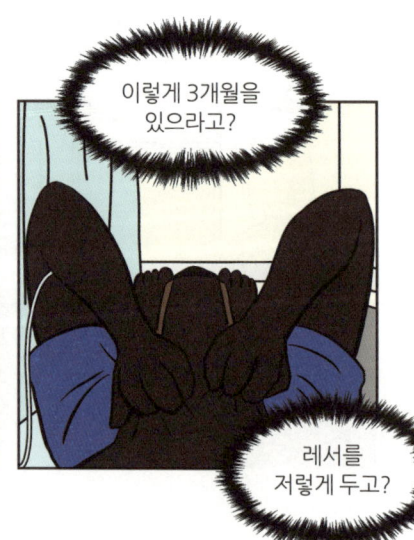

그렇게 시작된 즉흥 여행.

함께 기차를 타면서 시작한 대화는   밤이 새도록 끊이지 않았다.

〈안다가 결혼을 결심한 순간〉

안다는 비혼주의였다.

여름에 두 달간 지방 파견*을 다녀온 안다.

*의료 인력이 부족한 지방 병원의 경우 수도권 레지던트들이 1~2개월씩 파견을 간다.

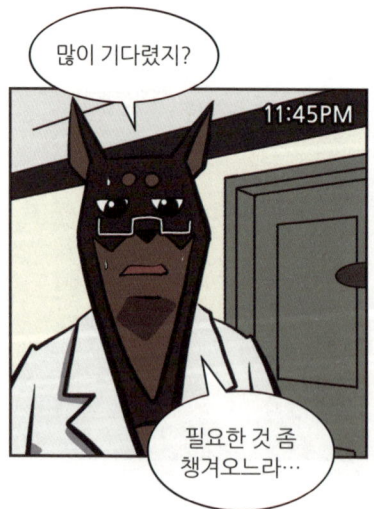

다음 권에서 계속

epilogue

우리 곁의 파랑새

"재물을 잃으면 조금 잃는 것이고, 명예를 잃으면 많이 잃는 것이며, 건강을 잃으면 모두 잃는 것이다." 라는 격언이 있다. 유명한 격언이긴 하지만, 보통의 경우 깊이 와닿는 말은 아닌 것 같다.

우리는 살면서 크고 작은 병을 앓는다. 이때 필요한 것은 충분한 치료를 받고 휴식을 취할 수 있는 금전적, 시간적 여유인데, 이것은 결국 재물의 문제로 회귀하는 경우가 많다. 따라서 재물만 있으면 다소의 문제는 해결될 것이라는 믿음도 마냥 틀린 것은 아니라고 생각한다. 하지만 통상의 선을 넘어가는 건강상의 문제가 생기면, 저 말의 의미가 새롭게 다가온다.

회복할 수 없을 정도의 부상, 영구적 후유증이 남는 질병, 내년을 기약할 수 없는 병마와 싸우는 사람들에게 건강은 세상 무엇과도 바꾸기 힘든 지고의 가치가 된다.

레서가 원인 불명의 경련을 겪었을 때, 그리고 그것이 반복되었을 때 우리는 그야말로 눈앞이 캄캄해지는 충격을 받았다. 의료인인 아내는 경련을 보는 데 익숙한 편이었지만, 그건 어디까지나 준비된 환경에서 경련이 예상되던 환자를 보는 것이었지 이런 마른 하늘에 날벼락 같은 일이 아니었다. 미열이라도 있는 상황이었다면 그 순간만큼 놀라진 않았을 것이다. 뇌파 검사와 MRI를 비롯해 수많은 검사를 했지만 원인으로 지목된 것은 없었다. 생각할 수 있는 남은 가능성은 유전적 이상이나 신경계 이상이었고, 이런 문제는 치료 가능한 질병들보다 훨씬 두려운 것이었다.

참 많이 기도했던 날들이었다. 그 모든 것이 성장과정에서 일어난 약간의 부조화에서 비롯된 일이기를. 다행히도 병원에서 퇴원한 이후 레서는 한 번도 경련을 겪지 않았고 내년에 초등학교 입학을 앞둔 건강한 어린이로 성장하고 있다. 아이가 자라면서 할 수 있는 것들은 점점 더 많아지고, 간혹 '우리 아들은 천재인가?' 하는 반짝임을 보일 때면 불쑥 내 마음속의 욕심이 고개를 든다. 그럴 땐, 병원에서 밤을 지새우던 날들을 떠올린다. 적어도 이 시기에 아이들에게 건강하고 행복한 것 이상의 가치는 없다고, 그렇게 내 마음속의 파랑새를 쓰다듬는다.

그렇게나 건강의 중요성을 실감하고도 트램펄린에서 철없이 뛰다가 경추가 골절되었던 사건은 정말 면목이 없다. 나는 20대 후반까지도 기계체조를 비롯한 여러 운동을 즐겼고, 체조 마루나 매트 위에서도 비슷한 실수를 했던 적이 있다. 그때 나에게 필요했던 건 에어파스와 얼음찜질, 일주일 남짓한 휴식이었고 그건 언제까지고 비슷하리라 생각했다. 하지만 이후 7년의 세월은 나의 몸을 무겁고 둔하며 부서지기 쉬운 것으로 바꿔 놓았다. 영원하진 않더라도 여전하다고 믿었던 나의 젊음은, 생각보다 빨리 그 바닥을 드러냈다.

'젊음은 젊은 시절 낭비된다(Youth is wasted on the young).' 노벨문학상을 받은 아일랜드의 소설가 조지 버나드 쇼의 말이다. 젊음도 건강처럼, 그것을 잃어 보기 전엔 진정한 가치를 알기 어려운 것 같다. 젊음의 오만이 낳은 충동적인 열정과 그것을 실천에 옮길 수 있는 지치지 않는 체력과 빠른 회복력 같은 것들이 얼마나 아름답고 위대한 것이었는지 '잠이 보약이다.'라는 말을 실감하는 나이가 되어서야 비로소 느낀다.

그래도 지금 이 순간은 나의 남은 생에 가장 젊은 순간이기에, 내 안에 남아있는 열정과 호기심을 소중히 하려 한다. 물론 그렇다고 트램펄린에서 공중 2회전을 다시 시도하는 일은 없을 것이다. 젊음을 잃었다기에 나에게 남은 시간은 여전히 길고, 그 시간을 액정 깨진 스마트폰 같은 상태로 버티고 싶진 않다. 내 몸이 하나이듯, 나의 파랑새도 하나다. 내 안의 파랑새가 나이 들어 회색으로 변해가고 예전 같은 목소리로 노래하지 못한다 해도, 나는 여전히 내 안의 파랑새를 사랑할 것이다.

닥터앤닥터 육아일기 3

초판 1쇄 발행 2021년 6월 25일 | 초판 2쇄 발행 2022년 8월 20일

글·그림 닥터베르

펴낸이 신광수
CS본부장 강윤구 | 출판개발실장 위귀영 | 출판영업실장 백주현 | 디자인실장 손현지 | 디지털기획실장 김효정
단행본개발파트 권병규, 조문채, 정혜리
출판디자인팀 최진아, 김가민 | 저작권 김마이, 이아람
채널영업팀 이용복, 우광일, 김선영, 이채빈, 이강원, 강신구, 박세화, 김종민, 정재욱, 이태영, 전지현
출판영업팀 민현기, 최재용, 신지애, 정슬기, 허성배, 설유상, 정유
개발지원파트 홍주희, 이기준, 정은정, 이용준
CS지원팀 강승훈, 봉대중, 이주연, 이형배, 이우성, 전효정, 이은비

펴낸곳 (주)미래엔 | 등록 1950년 11월 1일(제16-67호)
주소 06532 서울시 서초구 신반포로 321
미래엔 고객센터 1800-8890
팩스 (02)6455-8816 | 이메일 bookfolio@mirae-n.com
홈페이지 www.mirae-n.com

ⓒ 2021. 닥터베르

ISBN 979-11-6413-813-5 07370
      979-11-6413-694-0 (set)

* 북폴리오는 (주)미래엔의 성인단행본 브랜드입니다.
* 책값은 뒤표지에 있습니다.
* 파본은 구입처에서 교환해 드리며, 관련 법령에 따라 환불해 드립니다.
  단, 제품 훼손 시 환불이 불가능합니다.

> 북폴리오는 참신한 시각, 독창적인 아이디어를 환영합니다.
> 기획 취지와 개요, 연락처를 bookfolio@mirae-n.com으로 보내주십시오.
> 북폴리오와 함께 새로운 문화를 창조할 여러분의 많은 투고를 기다립니다.